파랑을 짓다

미선 디카시집

시와사람

미선 디카시집

파랑을 짓다

2025년 7월 1일 인쇄
2025년 7월 5일 발행

지은이 | 미선
펴낸이 | 강 경 호
발행처 | 도서출판 시와사람
등 록 | 1994년 6월 10일 제 05-01-0155호
주 소 | 광주시 동구 양림로119번길 21-1(학동)
전 화 | (062)224-5319
E-mail | jcapoet@hanmail.net

ISBN 978-89-5665-780-6 03810

값 15,000원

· 잘못된 책은 구입하신 서점에서 바꾸어 드립니다.
· 이 책은 한국예술인복지재단의 기금에서 제작비 일부 지원을 받았습니다.

공급처 ■ 한국출판협동조합
경기도 파주시 적성면 적성산단3로 10 (적성일반산업단지 내)
주문전화 (02)716-5616, 070-7119-1740

파랑을 짓다

시인의 말

기억을 오래 하지 못한다

같이 갔던 장소도
함께 마시던 사람도

찍기 시작했고, 쓰기 시작했다

아름다운 순간을 오래 붙잡아 두고 싶은 마음이 있었다

들여다보고 또 본다

그것들이 시나브로 스며들기를 바란다
가만히 있어도 배어 나오기를 바란다

2025년 6월 미선

파랑을 짓다/ 차례

제2부 누군가 날 기다리네

제3부 너의 잠이 고와 지금까지 아파

제4부 그럼에도 불구하고

파랑을 짓다

제1부

나는 너를 자주 놓친다

제1막

준비가 덜 됐다고?

계획대로 안 될 때도 있겠지

그래도 괜찮아

바라만 봐도 자라는 봄이잖아

수 놓는 밤

한 땀 한 땀 극한을 새겨요
붉게 물들 그날을 위해,

어둠 지나 내게로 오는 별

지워지고 지워지고......
당신을 피워요

신점身占

설 지난 살갗에
눈꽃이 핀다

용케 여기까지 왔다

살얼음 건너듯
봄도 곧 필 것이다

어떤 꿈

다무는 건 내 오랜 사명

순리를 거스르는 하혈

꽃물 오르는 나도
봄에는 봄이고 싶다

비밀

야물게 젖 빠는 소리
뒷다리 옹골차서 고맙다

죽어가면서까지
지키고 싶은 그것

나에겐 너였다

타산지석

올곧은 네 믿음이
날 돌아가게 했어

무르고 못나 보인다
품지 않는 너를 안고 가며

주위를 둘러보는 품성을 배웠어

부부살이

무뚝뚝한 그이도
살 대고 살아보니 따뜻할 때 있고

한낮의 무게에 목말라도
걸림돌이 쉽 돌일 때가 있더라

살면 살아지더라

나는 너를 자주 놓친다

너는 45도다

닿는 줄도 모르고
우리는 어디서 어긋나 만났을까

스치기 좋게 오는 행복이라는 순간

아름다움은 어떻게 멀리 있는가

다가가면 흩어지고
쥐려 하니 흔적 없다

내가 좁아지는 탓이리라

고요히 고이는 건 등 뒤의 일
한참 후에 안다

우리가 알고 지나가는 것은 아주 조금,

내가 너를 바라볼 때
너는 햇살이 눈 부셔 피했는지도

나를 봐주기를 기다릴 때
너는 바람이 시려 눈 감았는지도

내가 웃을 때 너는 울었는지도

다르니까 함께 산다

앞길 막는다 투덜 대던 한때가 있었지

바람을 대신 맞는 줄 몰랐던 거야
돌아앉아 버텨주는 걸 몰랐던 거야

우리는 서로에게 너무도 기이해서
그 길이 다 명품임을 이제 알기로 한 거야

수다

식후 차 한 잔
흘린 말 무성하다

문장 굽고
소리 에둘러 가는 것은

노력했던 찻잔 아래의 마음

허공에 기대어 산다는 건,

낭떠러지 삶이다

지나왔어도
돌아가는 길이 없어

내디딜 뿐
한 걸음 한 걸음 기도할 뿐.

삶이 그대를 속일지라도*

밀린 머리,
내 잘못 같아서

누가 볼까 비명을 지운다
앙다문 자리마다 이른 핏물이 깊다

아무 일도 아닌 하늘이면 오래 아팠을 것이다.

* 푸쉬킨의 시 '삶이 그대를 속일지라도'에서 차용

경계 위의 순례

각자의 짐을 지고
아침에 오르고 저녁에 내려오는 아슬한 반복

인생이란 마라톤,

등수가 아니라
끝까지 살아내는 당신이 이기는 게임

이미, 되다

엉덩이 짓무르도록 눌러앉아
땡볕을 뚫는다

보이지 않는 것을 보여주려고,

맺혀 있음을
닿아 있음을

파랑을 짓다

가로 세로 뒤엉긴 마음 들고
짓이겨 종주먹 날리는 밤의 심장을 건너겠다

멍물 고이는 푸른 새벽을 앓겠다

성글고 성글다가
멀어지는 찰나 쪽빛이겠다

제2부

누군가 날 기다리네

놀이 기구

괜찮을 거라 했다
처음은 다 그런 거라 했다

흔들리며 도는 세상
속도 메스껍고 얼굴이 벌게졌다

엄마가 보고 싶다

조용한 반란

금 밟지 말라 한다
선 넘지 말라 한다
끊임없이 편 가르는 세상

경계를 지우고

뿌리를 바라보며 씨익 웃었다

희망

강풍주의보

이름 주고 꽁꽁 묶였다
날아야 하는데

날아가 버릴까 봐

바람을 열망할수록
위태로운 건 배 안이었을까

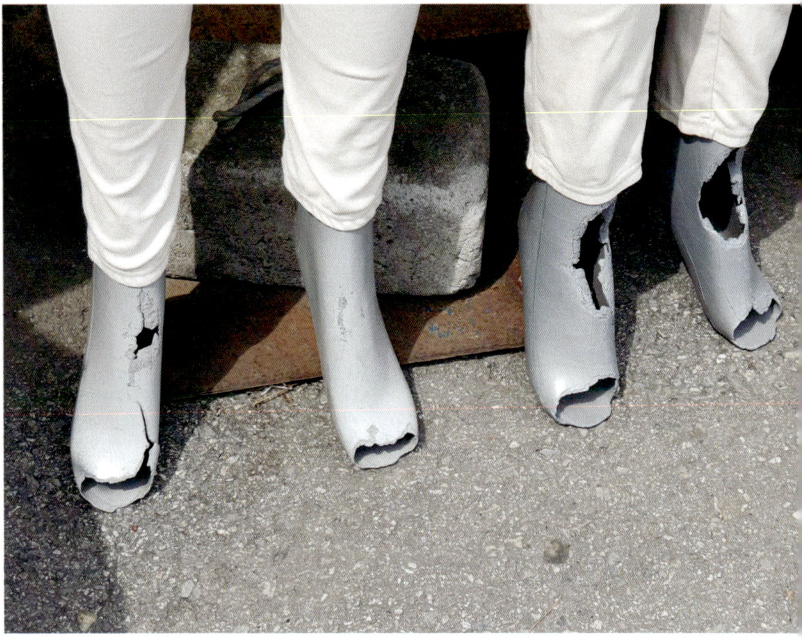

산업 재해

파는 게 신발이면 한 켤레 얻었을까
다친 곳이 무릎이면 앉아 쉴 수 있었을까

무너짐은 어디서부터 오는지

한사코 아래로 가는 봄 햇살
있다가 없다가 헤진 중심을 깁는다

2022 영탁 단독 콘서트
TAK SHOW
3구역 7열 9번

쓸모의 감정

어제는 B 구역 14열 3번이었지
기억할 리 없는 한때의 절실

나는 앞을 보며 웃는 등 뒤의 기분

오랜 친구인 듯 오늘 안긴 이이도
쿨한 사이인 듯 내일이면 돌아볼 일 없겠지

자연사

얼었다 녹던 겨울 하루가
결심인 듯 끊어진 건

갈 때는 그냥 가라는 전언일까

삽관 말고
심장충격기 같은 건 더더구나 말고

EDIYA
COFFEE

누군가 날 기다리네

지금쯤 너는
아메리카노를 누고 있겠지?

양심 한 샷 추가하는 걸 잊었구나

시원했니?

늦여름 볕 뜨겁지만 기다릴게

관음 세상

껍데기뿐인 밥상
허기진 민낯을 들켜버리면,

되도록 빠르게 나를 버리고 싶다

먹잇감 찾는 눈들이 좀비처럼 배회하며
빈집을 호기심으로 채우는 밤에,

쉬면서 든 생각

산다는 건 어쩌면

펴고 굽히는 일

좀 나을지도 몰라

다시 내일을 펴보는 일

읽히고 싶은 도시

못 가 본 길 빼곡하다
이제 막 도착한 불빛 하나를 펼친다

굽은 콘크리트 문체
간밤 눈물 냄새가 단정한 벽에 잘린다

이해한 내용이 오해였으면 좋겠다

201
도시가스2.5kPa

아궁이

장작으로 지핀 군불
밤새 복닥거리는 이불 속 발가락

피워내던 이야기꽃 담장을 넘어

칸 칸 월세만큼 사이좋게
온기도 더치페이

아주 먼 옛날에는

별다른 세상으로 가는 좁은 문이었다지

신데렐라도 억지로 구겨 넣던 처녀에게도

청혼하는 남자는 들고 오고
결혼한 남자는 날개인 양 감추는

뒤태가 더 아슬한 에스컬레이터, 오래된 이야기라지?

인터넷
결합
전문
매장

굽은 단풍길

콕.

콕.

아픔은 낮을수록 섬세해서
걸음마다 입술 깨무는 한낮의 새김

스며드는 통증의 농도에 오차가 없다

새로운시작
오리온
초코파이[정]

희노애락 섞은 한마디

쓸수록
쌓이고 두터워지는,

세상사에 실금 가 버석일 때마다
바닐라 향 입힌 마시멜로

탄력이 터치하는 위로이고 싶습니다

동행

오늘은 좀 걸을까요?

떠나보내는 게 익숙한 태생이었죠

낯설고 물설어 나를 지워가던 시절
당신이 있어 노을은 꽃 되고 파도는 노래였어요

어깨높이 달라도 아주 안 맞지는 않았어요

좋은 것을 좋아하는 이유

어젯밤 내내 물고기를 먹고
오늘 아침 그것을 낳았어요

지금은 고요를 읽으면서 소화하는 중이죠

내 몸에서 나는 것은
언젠가 내가 먹었던 거래요

꿈, 꾸다

밤마다 내리는 달빛을 담아
집집마다 배달할 수 있다면

TV를 보다가 냉장고를 열다가

마음에 꽃 한 송이씩 피어날 텐데
달 꽃으로 살아갈 텐데

제3부

너의 잠이 고와 지금까지 아파

홍매紅梅

동굴 같은 제 그리움이
꽃 한 송이 피워 올린 줄

그 사람 아직 몰라

꽃샘바람에 소식 가면
그때는 알까

재회

그 여름 비가 내려
젖은 당신이 눈으로 든 건

언젠가 우리 한 몸으로 마시던 까닭입니까

먼 길 돌아와도
접을 수 없어 가시입니까

내다보는 마음

생각의 한 끝 물고
널어놓은 세월 깊다

스침마다 말라 간 몸짓

바라보길 바라는 꽃같이 아려라

모퉁이를 돌아오는 계절

당신께 가는 일이 곧장일 리 없습니다

만남의 의자에 이별이 앉듯
흐름은 굽음의 다른 이름

몸 어디 흰 자국,
부서진 자리 이어집니다

만남

비가 와서 들꽃은 배꼽인사 하고
우리의 발소리가 대지에 공손할 때,

어떤 순간이 와요

낮은 목소리가 말하죠
알아들을 수 없게

이런 느낌 뭘까

따뜻한 물컵 감싼 듯 둥글어지는 맘

말릴 새 없이 부푸는 씨앗

물결 위를 오르내리는 기분

폭죽처럼 터져 나오는 빛

제 별이 보일 때 반짝 외로운 이유

오늘을 춤춘다

휘는 바람에 치맛자락 붉어
사뿐 감아 도는 허공마저 수줍어라

골몰하던 밤 곱게 펼쳐
끊어질 듯 이어가는 한낮

온몸 던져야 밀어지는 나라는 배역

바람길

하늘이 낸
한 치도 안 되는,

당신으로 드는 문

영영 이르지 못할 그곳에
마음만 두고 왔습니다

사랑 해日

많이 추웠지?

찬기 견디느라 붉게 지는 언 볼

파랗게 얼룩지며 오래 감싸 앓을게

너로 한때 뜨거웠느니
그리움에 잠 못 드는 밤일랑 내가 홀로 안을게

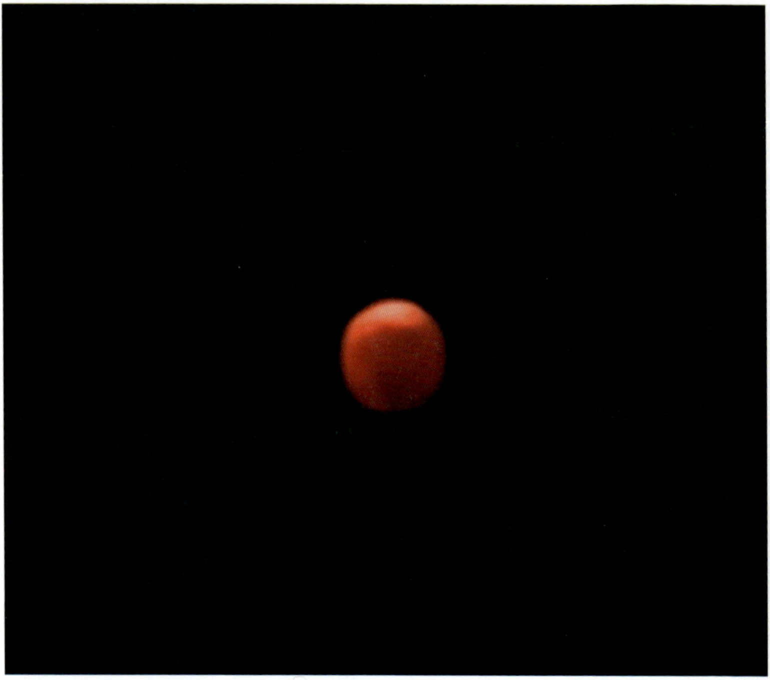

개기 월식

누구에게나 돌이지만
내 심장도 붉어질 때 있지

수 없는 스침 있을지라도
오직 너일 때

처음처럼 아득하다

너의 잠이 고와 지금까지 아파

텅 빈 바람 소리 온밤 내 환해
나의 낮이 길다

돌아눕는 동안 나무는 그냥 휘었을까

피도 발소리를 조심하던
네 숨 닿던 자리

꽃

늦가을 기슭에 앉아

좋다 하는 입을 하고 밀어내는 맘이었을까

스치는 바람에
빈자리가 넓어진다

기우는 햇살이라도 붙들고 싶어
그림자 길게 늘인 오후

사랑이 아픈 건

말라가는 꽃에 의지한 마음이니
거꾸로 매달린
그 속내를 견뎌야지

핏대 높인 선홍의 지저귐
두 눈 뜨고 들어야지

가을 소나타

떠나는 건가요 당신 목소리를 들려줘요

오래 울리지 않아 붉은 폐허
뼛속 환하게 기다림일 거야

마지막은 살아있을까요

멀었던 것도 소식이 되는 빗소리군요

와온臥溫

뜨겁지 않은 生 있을까
칠게도 짱뚱어도 뻘배 위 언 손도

개펄 같은 세상 핥아 온 혀가
온종일 데이다가 물집으로 부풀다가

눈물처럼 떨구고 가는 한 마디,

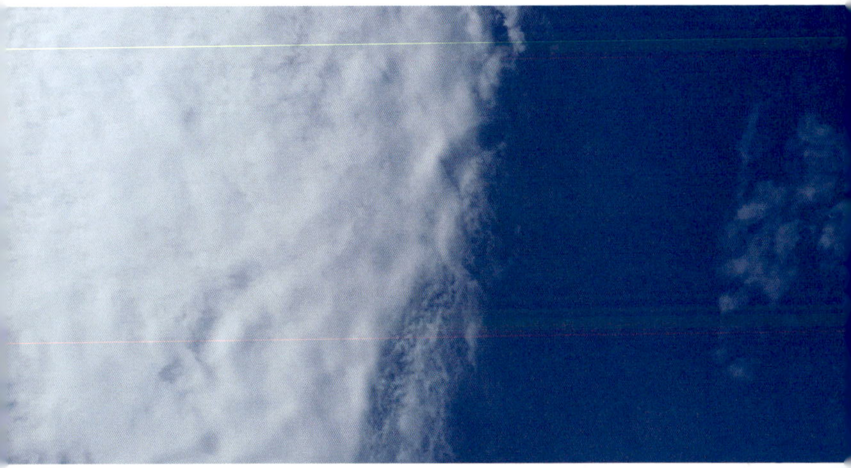

안녕, 잘가

백사장 발자국 지우듯
하늘이 포말을 당기는 건

내가 그를 안았으니
지상에 아픈 너 잘 있으라는 말이라지

너무 힘들어하지 말라는 소식이라지

제4부

그럼에도 불구하고

아버지의 영토

세상 끝에 뿌리내린 당신에게
자식의 성장은 울고 싶은 기쁨

자라는 속도보다 빠르게
뒤돌아 달려야만 살릴 수 있는 너

이게아닌데이게아닌데 생이 출렁 쏟아진다

한 문장 해고

-당신은 더 이상 출근하실 필요가 없습니다

소식 없음이 잘 있다는 말은 아니었어

상처가 꽃 된다니 가다 혹 핀다 할까

슬픔에는 경계가 없어
위로는 아직 도착하지 못하고

그럼에도 불구하고

결핍이 슬어놓은 습한 촉수
침묵의 치마로 가려도 서로를 알아본다

더 밝게 더 열심히, 아플수록 헐하게 웃던
간단없이 가려운 그곳에

새잎 돋는가 꽃도 피는가

아직 살고 있습니다

오늘이 날마다 찾아와서
바람으로 뼈를 깎는다

세상에 난 빚을 다 못 갚은 까닭이다

시간이 좀 걸리겠다

시간의 얼굴

매일 겪는대도 끝내 익숙지 않을 파란破卵처럼 이별은,

사랑이든 미움이든
흘러간 너에게로 하염없이 눈길 가는 일

묵언으로 마음을 가린대도
골마다 삭히는 해탈은 감춰지지 않는 일

지금은 줄행랑 놓을 때

입술을 둥글게 말아 분다
나무판을 움켜쥐는 결기에 주춤한다

힘 실을수록 무안해지는 건 이쪽

언젠가 무심히 내려친 기억
날 알아본 게 분명하다

위험!
접근금지

누가 할 소리

엄마는 평소
사람을 조심하라 하셨다

방향! 맞아?

장도*의 마음

그대 오시는 길목 여기쯤
나 오늘 기다려요

님일까 기울었다 뒷모습에 쏟아지죠

바람이 물어오는 먼 산새 소리
혼자는 아닌 듯 간간이 내 몸을 켜요

*장도: 전남 여수시에 있는 섬

우주를 담다

큰 그릇이 된다는 거
자신에게 구멍 내는 일인 줄 몰랐네

무엇이든 숭숭 통하게

서운한 일도 언짢은 일도 왔다가 흘러가게
자신의 경계를 지워가는 거였네

오십

어제가 궁금한 이들은 길을 만들고
별 지나간 자리는 흔적 없어라

가야 할 날도 뒤돌아보는 날도
무연한 난간의 마음이

깎아지른 허공이라도 내 편이면 싶은 나이

바란다면, 바람이어야지

떨어지니 낙엽이다

몸 던져야
얻어지는 이름이 있다

가야
가지는 길이 있다

반성

방바닥에
발자국 어지럽다

누가 다녀갔나 닦다 보니
나 지난 곳이 제일 산만하다

흘러가는 말

쉿, 비밀이야

지금 비록 겨울이지만,

이 많은 꽃
품고 있는 너 아니겠니?

키스

서로 덤비지 않기로 하세
서두르다 잃은 게 얼마나 많은가

그저 바람에 어쩔 수 없었다는 듯 슬쩍,
닿았대도 가는 내내 흔들릴 정도만

나의 가장 연한 새것을 드리네

비상

날개일 리 없다
희미한 기억이 만든 한 조각 꿈이라 말리지만,

바람이 아침 지문을 지우는 사이
하늘 문을 넘는다

주황 발 가지런한 새소리 허공에 있다

좀 더 해보자

책 속에 길이 있다 했다

세상에도 달나라에도 그렇게 나갔다

사람으로 가는 길은 깊고 많아서
더디고 자주 헤맨다

삶은 속도가 아니라 방향이다